Il vangelo secondo i Millenials (e la Gen Z)

Padre Maronno

Copyright© 2024

Il contenuto di questo libro non può essere riprodotto, duplicato o trasmesso senza il permesso scritto dell'autore o dell'editore. In nessuna circostanza si potrà attribuire all'editore, o all'autore, alcuna colpa o responsabilità legale per eventuali danni, risarcimenti o perdite monetarie dovute alle informazioni contenute in questo libro. Sia direttamente che indirettamente.

Avviso legale: Questo libro è protet to da copyright. Questo libro è solo per uso personale. Non è possibile modificare, distribuire, vendere, utilizzare, citare o parafrasare qualsiasi parte o il contenuto di questo libro senza il consenso dell'autore o dell'editore.

Indice

Prefazione: Nel Principio era il Codice — 5

Introduzione: Come tutto iniziò con il primo bit — 7

Capitolo 1: Parabole di Pixel e Post — 9

    La Parabola dell'Influencer Perduto: Trovare il proprio seguito in un mare di follower — 9

    Il Tesoro Nascosto nel Cloud: Alla ricerca di significato oltre lo schermo — 12

    La Startup dei Talenti: Investire nelle proprie passioni e competenze digitali — 15

Capitolo 2: Miracoli 2.0 — 18

    Moltiplicazione dei Contenuti: Quando la creatività diventa virale — 18

    Camminare sull'Acqua Virtuale: Superare le tempeste di hate online con fede in sé stessi — 21

    Guarigione da Distanza: Supporto e solidarietà nella community digitale — 23

Capitolo 3: Insegnamenti Connessi — 25

    Il Discorso della Montagna Digitale: Regole per una cittadinanza online responsabile — 25

    Il Comandamento del Wi-Fi: Amare il prossimo nella rete globale — 28

    Beatitudini per Binge-Watchers: Trovare felicità e scopo nell'era dell'informazione — 31

Capitolo 4: Conflitti e Confronti — 34

    La Tentazione dell'Algoritmo: Resistenze alle distrazioni digitali — 34

La Trasfigurazione dei Dati: Vedere oltre le apparenze online	37

Il Tradimento del Clickbait: Affrontare la disinformazione	40

## Capitolo 5: Percorsi di Crescita	43

La Parabola dello Scroll Infinito: Imparare a fermarsi e riflettere	43

Il Seminatore di Memes: Diffondere positività e consapevolezza	46

La Pesca di Followers: Costruire comunità autentiche	49

## Capitolo 6: Visioni di Futuro	52

La Visione sul Monte Silicon: Innovazione e sostenibilità per il pianeta	52

Le Dieci App del Successo: Principi per una vita equilibrata e significativa	55

Apocalisse nel Network: Superare le crisi globali con resilienza e unità	58

## Epilogo: Download Completo	61

## Conclusione: Portare la luce dell'antica saggezza nelle sfide del domani	63

Prefazione: Nel Principio era il Codice

Prima che il primo selfie fosse scattato, prima che l'ultimo tweet diventasse virale, e ben prima che chiunque potesse scorrere verso sinistra o verso destra per trovare l'amore, esisteva... beh, praticamente il nulla. Un vuoto così assoluto che neanche la connessione Wi-Fi più potente avrebbe potuto attraversarlo. Ma poi, in quel nulla, un pensiero, un'idea - no, più di un'idea: un progetto ambizioso prendeva forma. E così iniziò tutto. No, non sto parlando dell'ultimo aggiornamento software per il tuo smartphone, ma della creazione del mondo versione 2.0.

In questo re-imagining del Vangelo, ci immergeremo in una narrazione che fa eco alle esperienze, alle speranze e, diciamolo, alle ansie della generazione Z. Questa non è la storia che i tuoi nonni ti raccontavano al calar del sole, né quella che i tuoi genitori ti leggevano prima della buonanotte con una lampada accesa. Questa è una storia rinata nell'era digitale, riforgiata nel fuoco dei server e narrata attraverso lo schermo luminoso di un dispositivo sempre connesso.

Attraverso "Parabole di Pixel e Post", esploreremo il significato di trovare il proprio seguito in un mare di follower, cercare tesori nel cloud anziché sotto la terra, e cosa significa davvero investire nelle proprie passioni e competenze in un mondo che gira a ritmo di startup. Nel nostro viaggio con "Miracoli 2.0", vedremo come la creatività può diventare virale trasformando l'ordinario in straordinario, come superare le tempeste di hate online mantenendo fede in sé stessi, e l'importanza del supporto e della solidarietà nelle nostre community digitali.

Con "Insegnamenti Connessi", rifletteremo sulle regole per una cittadinanza online responsabile, amare il prossimo nella rete globale, e trovare felicità e scopo nell'era dell'informazione senza finire in binge-watching senza senso.

Affrontando "Conflitti e Confronti", ci confronteremo con le tentazioni degli algoritmi, la verità oltre le apparenze online, e combatteremo contro la disinformazione che si nasconde dietro il clickbait. E come ogni buona narrazione che si rispetti, con "Percorsi di Crescita" e "Visioni di Futuro", ci incamminiremo verso l'evoluzione personale e collettiva, immaginando un domani dove l'innovazione e la sostenibilità vanno di pari passo, dove le crisi globali vengono affrontate con resilienza e unità, e dove, infine, il download sarà completo.

Quindi, cari lettori della Gen Z, Millennials (e non solo), preparatevi: questo viaggio non sarà trasmesso sui tradizionali canali, ma verrà scaricato direttamente nelle vostre menti, un byte alla volta. Benvenuti a "Il Vangelo secondo la Gen Z: Storie Antiche per Tempi Moderni".

Introduzione: Come tutto iniziò con il primo bit

Prima che il primo selfie riuscisse a catturare il riflesso di un'intera generazione, prima che l'ultimo tweet si trasformasse in un uragano virale capace di attraversare continenti in un battito di ciglia, e molto prima che l'esistenza dell'amore venisse misurata dalla direzione di uno scorrimento sullo schermo, esisteva... beh, un vuoto così profondo che nemmeno la connessione 5G più veloce avrebbe potuto sperare di raggiungere. Ma proprio in quel vuoto, più silenzioso di una chat dimenticata, un bit si animò. Non era solo un bit qualsiasi; era l'alba di una nuova era. Non sto parlando dell'inizio di una serie binge-watchata su Netflix, ma del momento in cui il mondo digitale prese il primo, timido respiro.

In questo universo nascente, dove ogni pixel ha il potenziale di diventare leggenda e ogni swipe può alterare destini, una storia antica viene ricodificata per i nativi digitali. Questa non è la narrazione di un tempo passato, ma una lezione vivente, pulsante al ritmo di notifiche push e aggiornamenti di stato che riflettono le sfide e le aspirazioni dei giovani di oggi. Tra i bytes e le blockchain, nasce una nuova forma di amicizia, un legame che trascende i confini fisici, creando connessioni inaspettate in chat room e su piattaforme di gaming. Qui, l'identità si esplora attraverso avatar personalizzati e storie Instagram, dove ogni filtro e ogni post diventano capitoli di un'autobiografia digitale, costantemente riscritta e curata. In questo contesto, la giustizia sociale prende forma nei movimenti virali, negli hashtag che diventano grida di battaglia, e nelle petizioni online che raccolgono milioni di firme in poche ore, dimostrando che la solidarietà può effettivamente trascendere lo schermo.

L'innovazione tecnologica, da semplice sfondo, diventa protagonista, dando vita a startup che promettono di risolvere i mali del mondo con un'app alla volta, e a tecnologie che, seppur straordinarie, sollevano interrogativi etici che non possono essere ignorati. La blockchain non è solo la base delle criptovalute, ma un simbolo della ricerca di trasparenza e fiducia in un'epoca di fake news e informazioni manipolate. E così, in questo paesaggio digitale, i giovani della generazione Z navigano tra le onde dell'informazione, armati di smartphone e con la saggezza di chi sa che dietro ogni schermo si nasconde una storia, un insegnamento, una possibilità di cambiamento. Scoprono che, nonostante le apparenze, la connessione più profonda è quella umana, che non si misura in like o followers, ma nell'empatia, nella comprensione reciproca e nella capacità di ascoltare davvero.

Benvenuti, dunque, ne "Il Vangelo secondo la Gen Z", dove le antiche parabole si trasformano in narrazioni moderne, intrise di umorismo e di verità digitali. Questa è una storia che inizia con il primo bit, ma che trova la sua voce in voi, giovani esploratori del mondo 2.0, pronti a decodificare messaggi millenari con l'hashtag del momento, dimostrando che, in fondo, il messaggio è uno solo: essere umani nell'era digitale significa ricercare la connessione, in tutte le sue forme.

Capitolo 1: Parabole di Pixel e Post

La Parabola dell'Influencer Perduto: Trovare il proprio seguito in un mare di follower

In un'epoca in cui lo scroll infinito è diventato la nostra meditazione quotidiana e i selfie una forma di autoespressione quasi spirituale, la storia di Alex, l'Influencer Perduto, risuona come un campanello di allarme per chi naviga nelle acque tumultuose dei social media. Alex, armato di smartphone e di una collezione infinita di filtri, si era avventurato nella giungla digitale con un sogno: diventare un faro di luce (LED, ovviamente) per i suoi seguaci.

Il viaggio di Alex iniziò con una serie di post impeccabilmente curati, ciascuno accompagnato da hashtag ponderati come antichi mantra. In breve tempo, il numero dei suoi follower crebbe, trasformandosi in un mare in cui nuotava con crescente disperazione. Cercava l'approvazione come se fosse aria, ma quanto più si immergeva, tanto più si rendeva conto che stava in realtà affogando in un oceano di superficialità. La sua identità digitale era diventata un'eco distorta di ciò che realmente era, un avatar disincarnato che danzava al ritmo degli algoritmi.

Nel profondo di questo mare, Alex incontrò Maya, un'antica saggezza incarnata in un profilo che sembrava sfidare le leggi della fisica digitale. Maya non seguiva le tendenze, ma le creava, non con selfie, ma con contenuti che parlavano all'anima. Fu Maya a porre ad Alex la domanda che avrebbe cambiato il corso della sua vita digitale: "Cosa cerchi veramente nei tuoi follower?"

Questa domanda fu come un clic su un link che apre una nuova scheda nel browser dell'esistenza di Alex. Iniziò a interrogarsi sul significato autentico della sua presenza online. Realizzò che il vero tesoro non era il numero di like o di followers, ma l'impatto che poteva avere sulla vita delle persone, un valore che non poteva essere quantificato da nessuna metrica social.

Così, Alex decise di intraprendere un nuovo viaggio, questa volta alla ricerca di un tesoro ben più prezioso e nascosto non nel cloud, ma nelle connessioni umane autentiche che potevano nascere oltre lo schermo. Abbandonò la ricerca ossessiva di approvazione per concentrarsi su contenuti che riflettevano i suoi veri interessi e passioni, dall'arte alla salvaguardia dell'ambiente, dalla poesia alla programmazione. Lentamente, il suo feed si trasformò da uno showcase di vanità a un diario di viaggio autentico, un ponte tra mondi digitali e realtà tangibili.

Fu in questo contesto che Alex scoprì **Il Tesoro Nascosto nel Cloud**, non solo una metafora ma una realtà. Iniziò a utilizzare la sua piattaforma per promuovere progetti di giustizia sociale, diventando uno spazio dove le voci marginalizzate potevano essere ascoltate. La sua ricerca di significato lo portò a collaborare con startup tecnologiche che lavoravano a soluzioni innovative per problemi globali, dimostrando che la tecnologia poteva essere un potente alleato per il bene.

Il viaggio di Alex divenne così una fonte di ispirazione per molti, un promemoria che dietro ogni schermo ci sono cuori che battono, menti che sognano, e anime che cercano connessione. Scoprì che investire nelle proprie passioni e competenze digitali non era solo un modo per arricchire il proprio profilo, ma anche per contribuire positivamente al mondo. La sua storia divenne una parabola moderna per la generazione Z, un racconto di redenzione digitale che dimostrava come, anche nell'era degli influencer, ciò che conta davvero è la capacità di influenzare il mondo per il meglio.

Alex, ora lontano dall'essere un influencer perduto, aveva trovato la sua strada, illuminando il percorso per altri come lui. Attraverso **La Startup dei Talenti**, un progetto che fondò per aiutare giovani talenti a sviluppare le loro competenze digitali e a utilizzarle per cause sociali, dimostrò che l'innovazione tecnologica poteva andare di pari passo con l'umanità e la compassione.

In un mondo dove i pixel e i post definiscono gran parte della nostra realtà, la storia di Alex ci ricorda che siamo molto di più di ciò che appare sullo schermo. Siamo creatori di significato, esploratori di verità, e, soprattutto, esseri umani connessi da fili invisibili che trascendono la tecnologia. La parabola dell'influencer perduto non è solo una narrazione sulla ricerca di sé nell'era digitale, ma un invito a riscoprire l'essenza dell'umanità nell'infinito digitale.

Il Tesoro Nascosto nel Cloud: Alla ricerca di significato oltre lo schermo

In un angolo remoto del vasto universo digitale, là dove le notifiche non osano disturbare, viveva Luca, un giovane programmatore con un sogno tanto grande quanto l'ultimo aggiornamento del suo sistema operativo. Luca non era il tipo che si perdeva in selfie o sfide virali; il suo campo di battaglia era il codice, un labirinto di linee e comandi che per molti sembrava privo di vita, ma per lui era un universo pulsante di possibilità. La sua missione? Scoprire il tesoro nascosto nel cloud, non letteralmente, ma metaforicamente: trovare un senso in un mondo sempre più digitale, un significato che andasse oltre le schermate luminose e le interazioni superficiali.

La ricerca di Luca lo portò in profondità nel cuore del cloud, un termine che per molti evocava immagini di spazio di archiviazione illimitato o di applicazioni sempre disponibili, ma per lui significava molto di più. Vedeva il cloud come una metafora del potenziale umano, un'entità eterea dove idee e sogni potevano essere conservati e condivisi, superando le barriere fisiche che troppo spesso ci dividono.

In questo viaggio digitale, Luca incappò in una verità universale: in un mondo dove tutti sembrano inseguire l'ultima tendenza virale, il vero valore risiede nella creazione di qualcosa che resista alla prova del tempo. Iniziò a lavorare su un progetto che potesse non solo catturare l'attenzione degli utenti, ma anche ispirare un cambiamento positivo. Il suo obiettivo era sviluppare un'app che utilizzasse la potenza del cloud per affrontare uno dei problemi più pressanti della sua generazione: la crisi climatica.

Armato di una passione per la tecnologia e un impegno per la giustizia sociale, Luca lanciò "GreenCloud", un'app che combinava dati ambientali con sfide quotidiane per incoraggiare comportamenti più sostenibili. L'idea era semplice ma rivoluzionaria: trasformare ogni utente in un attivista digitale, sfruttando la potenza dei piccoli gesti quotidiani per generare un impatto collettivo significativo.

Il successo di GreenCloud non fu immediato. All'inizio, Luca si scontrò con l'indifferenza generale, un mare di scetticismo che sembrava inghiottire ogni suo sforzo. Ma non si arrese. Con l'aiuto di una piccola, ma crescente, comunità online, continuò a perfezionare l'app, aggiungendo funzionalità basate sui feedback degli utenti e condividendo storie di successo che dimostravano l'efficacia delle azioni individuali quando collegate attraverso la tecnologia.

Man mano che GreenCloud guadagnava popolarità, Luca si rese conto che il suo viaggio alla ricerca del tesoro nascosto nel cloud lo aveva portato a scoprire qualcosa di ancora più prezioso: una comunità globale di individui uniti dall'obiettivo comune di proteggere il pianeta. Questa comunità, sebbene dispersa in tutto il mondo, era legata da un senso di urgenza e da una determinazione a fare la differenza, condividendo il proprio viaggio attraverso post, storie e tweet che ispiravano altri a unirsi alla causa.

La storia di Luca e di GreenCloud divenne un esempio lampante di come la tecnologia, spesso vista come parte del problema, potesse in realtà essere trasformata in uno strumento potente per il bene. Dimostrò che, anche nell'era della disconnessione apparente, esiste la possibilità di trovare connessioni profonde e significative, costruendo ponti digitali che possono portare a cambiamenti reali

La Startup dei Talenti: Investire nelle proprie passioni e competenze digitali

Nella città che non dorme mai del digitale, dove le notifiche tintinnano più forte delle campane della chiesa e gli aggiornamenti di stato scorrono più velocemente delle auto in autostrada, si trova un luogo non mappato da Google Maps ma ben noto ai nativi digitali: l'incubatore di startup "DreamCode". Qui, giovani menti brillanti, alimentate da caffè e connessioni ultraveloci, lavorano alla prossima grande novità tecnologica, sognando di diventare i prossimi eroi dell'innovazione.

In questo contesto nasce la storia di Valentina, una giovane programmatrice con un talento per il codice e un cuore per il cambiamento sociale. Valentina sapeva che la sua passione per la tecnologia poteva andare oltre la creazione di app per rendere la vita più facile o per guadagnare popolarità su piattaforme di social media. Voleva utilizzare le sue competenze digitali per fare la differenza, per affrontare questioni che andavano oltre i confini dello schermo e toccavano le vite delle persone nel mondo reale.

La sua visione prese forma nella startup "CodeForGood", un'impresa che mirava a sviluppare soluzioni tecnologiche per problemi di giustizia sociale. L'idea era semplice ma audace: creare una piattaforma che collegasse organizzazioni non profit e attivisti con sviluppatori volontari pronti a offrire le loro competenze per cause meritevoli. Il progetto si basava su una convinzione fondamentale: quando talento e tecnologia si uniscono con un obiettivo comune, il potenziale per il cambiamento positivo è infinito.

La strada per trasformare "CodeForGood" da un sogno ad una realtà operativa fu tutt'altro che semplice. Valentina si trovò di fronte a sfide che avrebbero scoraggiato anche il più determinato degli imprenditori: dalla ricerca di finanziamenti alla difficoltà di convincere altri della validità e della fattibilità del suo progetto. Ogni giorno, la sua casella di posta era un campo di battaglia, dove le email di rifiuto erano altrettanto comuni delle notifiche di aggiornamento delle app sul suo telefono.

Ma Valentina non era tipo da arrendersi facilmente. Capì che, per fare breccia nel cuore e nella mente delle persone, doveva raccontare una storia che risuonasse con loro, che mostrasse non solo il potenziale della sua startup per il cambiamento sociale, ma anche come ognuno potesse essere parte di quella rivoluzione. Cominciò a utilizzare i social media non solo come uno strumento di marketing, ma come una piattaforma per condividere storie di successo, casi di studio, e testimonianze di coloro che avevano già beneficiato delle prime iniziative di "CodeForGood".

La svolta arrivò quando la storia di un'organizzazione che aveva utilizzato la piattaforma per sviluppare un'app che aiutava le persone senza dimora a trovare rifugi e risorse nella loro zona divenne virale. Improvvisamente, il valore di "CodeForGood" non era solo teorico; era tangibile, visibile, e, soprattutto, condivisibile. La narrazione di Valentina e della sua startup cominciò a diffondersi, attirando l'attenzione di investitori, volontari, e organizzazioni da tutto il mondo.

"CodeForGood" divenne un esempio luminoso di come la generazione Z potesse utilizzare le sue competenze digitali e la sua passione per l'innovazione tecnologica per affrontare alcune delle sfide più pressanti del nostro tempo. Valentina dimostrò che non era necessario scegliere tra seguire la propria passione e fare del bene nel mondo; con la giusta piattaforma e il giusto approccio, era possibile fare entrambe le cose.

La lezione che Valentina e "CodeForGood" insegnano ai giovani della generazione Z è che l'innovazione tecnologica non deve essere disgiunta dall'impegno sociale. In un'epoca in cui i confini tra il virtuale e il reale si sfumano sempre di più, il loro esempio illumina la strada per un futuro in cui la tecnologia serve non solo per connetterci, ma per costruire un mondo migliore.

In conclusione, la storia di "CodeForGood" è un richiamo all'azione per la generazione Z: è un invito a guardare oltre gli schermi, a riconoscere il potere che risiede nelle loro mani, codificato non solo nei linguaggi di programmazione, ma nelle scelte quotidiane che possono trasformare il mondo. La parabola della Startup dei Talenti ci insegna che, nel grande algoritmo della vita, ognuno di noi ha il potenziale per essere un bugfixer dell'umanità, un programmatore di un futuro più giusto.

Capitolo 2: Miracoli 2.0

Moltiplicazione dei Contenuti: Quando la creatività diventa virale

Creare un testo così lungo in una singola risposta va oltre le mie capacità attuali, ma posso offrirti un inizio coinvolgente e significativo per il punto 1 del Capitolo 2, "Moltiplicazione dei Contenuti: Quando la creatività diventa virale", che potrebbe fungere da base per ulteriori sviluppi.

In un'epoca dove un video di un gatto che salta può accumulare milioni di visualizzazioni quasi istantaneamente, la storia di Leo, un giovane creatore di contenuti, assume una risonanza particolare. Leo non aveva né un gatto né la predisposizione per le acrobazie virali, ma possedeva qualcosa di molto più potente: una creatività inesauribile e un messaggio che valeva la pena diffondere.

La saga di Leo iniziò in una giornata apparentemente ordinaria, con lui seduto al suo scrivano, circondato da una foresta di piante d'appartamento che fungevano da pubblico per i suoi monologhi creativi. Tra una scrollata e l'altra su varie piattaforme social, Leo si rese conto di un paradosso digitale: nonostante l'infinito spazio online, sembrava che ci fosse poco posto per contenuti che stimolassero una vera riflessione o ispirassero cambiamenti significativi. Era tutto un susseguirsi di trend effimeri, che cambiavano più velocemente dei colori di un semaforo in una notte di pioggia.

Con questa consapevolezza, Leo decise di lanciare un esperimento sociale, un progetto artistico che chiamò "ViralChange". Il suo piano era semplice nella sua audacia: creare una serie di video che combinassero umorismo sottile, arte visiva e messaggi sociali potenti, sfidando l'idea che solo i contenuti leggeri potessero diventare virali. Leo voleva moltiplicare i contenuti che contavano, sperando che, come in una moderna moltiplicazione dei pani e dei pesci, anche una singola idea potesse nutrire la mente di molti.

Il primo video di "ViralChange" fu un cortometraggio animato che raccontava la storia di una piccola pianta che cresceva in un'area urbana trascurata, superando ogni ostacolo grazie alla cura di un singolo bambino. Era un'allegoria sulla speranza e sull'impatto che un individuo può avere sulla propria comunità. Leo lo postò senza aspettative, accompagnato da un breve messaggio: "Piccoli gesti possono radicare grandi cambiamenti. #ViralChange".

Quello che seguì superò ogni sua aspettativa. Il video iniziò lentamente a raccogliere visualizzazioni, poi centinaia, poi migliaia, fino a diventare un fenomeno virale. Persone da tutto il mondo lo condividevano, non solo per la qualità della sua animazione o per il suo tocco di umorismo ma per il suo messaggio universale. Le scuole iniziarono a usarlo come materiale didattico per insegnare ai bambini l'importanza della cura ambientale e della responsabilità comunitaria.

Incoraggiato da questo successo inaspettato, Leo continuò a produrre contenuti per "ViralChange", ciascuno esplorando temi diversi ma ugualmente importanti: dall'uguaglianza dei diritti alla salute mentale, dalla sostenibilità ambientale all'importanza dell'educazione artistica. Ogni video diventava un piccolo seme piantato nell'immensa giungla digitale, germogliando in conversazioni, dibattiti e, a volte, azioni reali.

La storia di Leo e di "ViralChange" diventa un emblema per la generazione Z, un promemoria che la creatività non conosce limiti e che il potere di un'idea può effettivamente diventare virale per le ragioni giuste. In un mondo digitale saturo di contenuti effimeri, la moltiplicazione dei contenuti significativi di Leo dimostra che è possibile lasciare un'impronta duratura, che stimola non solo click ma anche pensieri e cambiamenti nella vita reale.

Attraverso "ViralChange", Leo non solo ha superato la tempesta di hate online con la fede in se stesso e nelle sue idee ma ha anche aperto una strada per guarire da distanza, offrendo supporto e solidarietà attraverso una community digitale che si estende ben oltre i confini di qualsiasi schermo. La sua storia ci insegna che, anche nell'era digitale, i miracoli possono avvenire - non con acqua trasformata in vino, ma con contenuti che trasformano menti e cuori.

Camminare sull'Acqua Virtuale: Superare le tempeste di hate online con fede in sé stessi

In un'era dove l'esistenza digitale sfida le leggi della fisica e i miracoli prendono forma nei feed di Instagram, viveva un giovane influencer di nome Mattia. Mattia non era il solito influencer; il suo superpotere era la resilienza, la capacità di navigare nell'oceano turbolento dei social media mantenendo saldo il timone della propria barca emotiva, nonostante le tempeste di hate che imperversavano.

Un giorno, mentre scivolava tra le onde del web su una tavola da surf virtuale, Mattia si trovò di fronte a una tempesta digitale di proporzioni bibliche. Il cielo online era nero come l'inchiostro, e onde di commenti velenosi si infrangevano contro la sua autostima. Ma Mattia, con la sua fede inossidabile in se stesso e nei suoi seguaci, fece qualcosa di impensabile: iniziò a camminare sull'acqua virtuale, superando l'odio con passi decisi ma leggeri, un emoji positiva dopo l'altra. Nel farlo, Mattia insegnò alla Generazione Z una lezione preziosa: nella vastità digitale, dove i troll e gli haters sono pronti a trascinarti negli abissi, la vera magia sta nel mantenere la testa fuori dall'acqua, concentrarsi sulla luce dei follower fedeli e sui DM pieni di amore. Mostrò che, anche quando sembra che tu stia per affondare sotto il peso delle critiche, c'è sempre un modo per trovare il tuo equilibrio e danzare sulle onde dell'odio, trasformandole in una melodia che celebra la tua unicità.

La lezione di Mattia non si fermò qui. Capì che, per ogni hater che tentava di rovesciare la sua barca, c'erano decine di persone pronte a remare al suo fianco, armate di commenti incoraggianti e meme affettuosi. Questa solidarietà digitale era il vento che gonfiava le sue vele, permettendogli di navigare verso orizzonti sempre più luminosi.

In questa odissea moderna, Mattia sperimentò anche la potenza della vulnerabilità. Decise di aprire il suo cuore alla community, condividendo i momenti di dubbio e le battaglie interiori. Questo atto di coraggio risonò tra i suoi follower, che videro in lui non solo un influencer, ma un amico, un compagno di viaggio nel turbolento mare della vita digitale. La sua onestà aprì un ponte arcobaleno tra lui e il suo pubblico, un collegamento fatto di empatia e comprensione reciproca. Mattia comprese che, in questo mondo virtuale, i miracoli non sono solo la moltiplicazione dei contenuti o la capacità di diventare virali. I veri miracoli sono quei momenti di connessione umana che si creano nonostante la distanza fisica, quegli atti di gentilezza che attraversano gli schermi e toccano il cuore delle persone.

E così, camminando sull'acqua virtuale, Mattia divenne un faro di speranza per la sua generazione, un testimone vivente del fatto che, anche nella tempesta più oscura, si può trovare la forza di sorridere, di perdonare e di andare avanti, armati di una buona dose di GIF motivazionali e video virali che riscaldano il cuore. Il suo messaggio era chiaro: la chiave per superare le tempeste di hate online non è combattere il fuoco con il fuoco, ma accendere una luce più forte, quella dell'amore per sé stessi e per gli altri. In questo modo, Mattia insegnò alla Generazione Z che, non importa quanto sia profondo l'oceano digitale o quanto forte sia la tempesta, con fede, coraggio e una buona connessione Wi-Fi, è sempre possibile camminare sull'acqua.

Guarigione da Distanza: Supporto e solidarietà nella community digitale

Nel cuore pulsante del mondo digitale, dove le connessioni si tessono con fili di byte e gli incontri avvengono a schermi interposti, sorse una nuova forma di miracolo: la guarigione da distanza. In questo scenario, vi presento Giulia, una giovane digital native con un talento unico per tessere relazioni autentiche in rete, superando i limiti imposti dalla distanza fisica.

Giulia, dotata di una saggezza che andava ben oltre i suoi anni, aveva capito il potere delle parole e delle immagini nell'era di Internet. Con la sua tastiera come bacchetta magica e lo schermo del suo smartphone come cristallo di rocca, inviava messaggi di speranza e guarigione attraverso le vaste pianure digitali di Twitter, Instagram e TikTok. La sua abilità non stava solo nell'usare gli hashtag più in voga o nel creare contenuti virali, ma nel colpire le corde più profonde dell'anima umana, offrendo conforto a chi si sentiva perso nel mare magnum del cyberspazio.

Un giorno, la community digitale di Giulia si trovò di fronte a una sfida colossale. Uno dei suoi membri più cari, Alex, era caduto in un pozzo di disperazione a causa di una valanga di commenti negativi sotto uno dei suoi video su YouTube. La tempesta di critiche aveva eroso il suo spirito, lasciandolo a naufragare nei dubbi sulla propria identità e sul proprio valore.

Giulia, vedendo la sofferenza del suo amico, capì che era il momento di agire. Ma come poter offrire conforto e guarigione senza poterlo abbracciare fisicamente? La risposta giunse nella forma più pura di empatia digitale: un live streaming. Giulia organizzò un evento online, radunando tutta la community per un momento di supporto collettivo. Il live divenne un'arena virtuale dove le parole di incoraggiamento, le storie personali di superamento e le canzoni cariche di emozione si intrecciavano in un potente incantesimo di solidarietà.

Quel giorno, Alex sentì qualcosa che non provava da tempo: la sensazione di non essere solo. Ogni commento, ogni emoji, ogni nota di quella canzone scelta appositamente per lui da Giulia, agiva come un balsamo sulle ferite del suo cuore. La distanza fisica evaporò, lasciando spazio a un senso di vicinanza e comprensione che solo una vera community sa offrire.

Questa storia digitale moderna racchiude in sé insegnamenti fondamentali per la Generazione Z, affrontando temi come l'amicizia, l'identità, la giustizia sociale e l'innovazione tecnologica. La narrazione di Giulia e Alex è un promemoria potente che, in un'epoca caratterizzata da rapidi cambiamenti tecnologici e da una costante connessione digitale, il cuore umano rimane al centro di tutto. Ci ricorda che, nonostante le distanze fisiche, possiamo trovare e offrire guarigione attraverso la nostra presenza virtuale, sfruttando la tecnologia per tessere legami di empatia e sostegno che rendono il mondo un posto un po' meno solitario.

Capitolo 3: Insegnamenti Connessi

Il Discorso della Montagna Digitale: Regole per una cittadinanza online responsabile

In un mondo dove le montagne si scalano con un click e le vette più alte si raggiungono scorrendo verso l'alto sullo smartphone, un giovane visionario di nome Leo decise di tenere il Discorso della Montagna Digitale. Questo non era il classico influencer che dispensa consigli su come ottenere like o diventare virali. No, Leo aveva qualcosa di più profondo in mente: voleva stabilire le regole per una cittadinanza online responsabile, un manifesto per la Generazione Z su come navigare le acque talvolta turbolente dell'internet con grazia, rispetto e un pizzico di saggezza digitale.

Con il suo fedele laptop al seguito, Leo salì sul picco più alto della rete, una piattaforma chiamata "Social Summit", un luogo dove le voci di milioni di utenti si intrecciano in un incessante flusso di comunicazione. Qui, davanti a un'audience globale collegata tramite live stream, iniziò il suo discorso, trasmettendo dal più grande schermo LED mai costruito, un display così luminoso che avrebbe potuto guidare le navi spaziali verso casa.

"Iniziare un discorso con 'Cari follower' sembra troppo banale," esordì Leo, con un sorriso che avrebbe potuto far impallidire le emoji più felici. "Quindi, dirò solo questo: Siete tutti qui perché credete in un internet migliore. E io sono qui per condividere con voi le tavole della legge digitale, i commandments 2.0, se così posso dire."

La folla virtuale rise, un'onda di LOL e HAHAHA che attraversò chat e commenti in tempo reale.

"Primo," continuò Leo, "Non darai vita a fake news. Ricordate, ragazzi, la verità è come il Wi-Fi: tutti la vogliono, non tutti la hanno. Spetta a noi diffondere solo segnali forti e chiari."

La seconda legge venne annunciata con un tono più serio. "Rispetterai l'anonimato e la privacy altrui come se fossero i tuoi. Il cyberbullismo è il malware dell'anima; non installarlo nei cuori degli altri."

Leo proseguì, delineando regole per la gentilezza online, l'importanza di staccare ogni tanto, e l'arte di essere se stessi in un mondo che premia troppo spesso la conformità. Con ogni nuova legge, la montagna digitale sembrava crescere, non in altezza, ma in luminosità, riflettendo la speranza di un futuro online più gentile e responsabile.

Il culmine del discorso arrivò quando Leo disse: "Il più grande comandamento del Wi-Fi è questo: 'Ama il tuo prossimo nella rete globale come ami te stesso'. Sì, inclusi i troll. Forse hanno solo bisogno di un po' più di banda larga emotiva."

Al termine del discorso, Leo chiuse il suo laptop, il simbolo che la sessione era finita. Ma il suo messaggio aveva appena iniziato a diffondersi, una connessione che andava ben oltre la banda larga, toccando le fibre ottiche dell'umanità digitale.

Questo Discorso della Montagna Digitale, con il suo umorismo sottile e i suoi riferimenti tecnologici, non era solo una lezione su come vivere online, ma un invito a riflettere sul tipo di impronta digitale che vogliamo lasciare nel mondo. Leo non proponeva semplici regole per navigare in internet; offriva una visione per costruire comunità virtuali dove rispetto, autenticità e gentilezza fossero i pilastri portanti.

In un'era definita da rapidi cambiamenti tecnologici e da una connettività senza precedenti, il Discorso della Montagna Digitale di Leo diventa un faro di speranza. Ci ricorda che, sebbene le nostre interazioni avvengano attraverso schermi e tastiere, dietro ogni username e avatar ci sono persone reali, con emozioni, sogni e bisogni autentici.

La storia di Leo non è solo un richiamo a essere cittadini digitali responsabili; è un promemoria che, nel vasto e talvolta selvaggio ovest digitale, possiamo essere pionieri di un nuovo tipo di comunità online. Una comunità che celebra la diversità, incoraggia l'espressione autentica e sostiene l'empatia oltre la connessione. Un mondo dove la generazione Z, armata con le regole della Montagna Digitale, può guidare il cambiamento verso un internet che rifletta i migliori aspetti dell'umanità, un pixel alla volta.

Il Comandamento del Wi-Fi: Amare il prossimo nella rete globale

In un'epoca dove il termine "connessione" è più associato al Wi-Fi che ai legami umani, un gruppo di giovani digitali decise di riformulare il vecchio adagio "Ama il prossimo tuo come te stesso" in una versione 2.0: Il Comandamento del Wi-Fi. Questi giovani visionari, capitanati da un carismatico innovatore di nome Sam, videro l'opportunità di trascendere le convenzionali barriere sociali, culturali e geografiche attraverso la potenza unificante della rete globale.

Sam, con la sua squadra di menti brillanti e cuori ardenti, lanciò una piattaforma chiamata "NextNeigh", un social network con una twist rivoluzionaria: incentivare gli utenti a formare connessioni significative basate sull'empatia, la collaborazione e il sostegno reciproco, piuttosto che sui semplici "mi piace" e follower. Il loro motto? "Connessioni autentiche in un mondo digitale".

"Ragazzi," iniziò Sam durante il lancio ufficiale di NextNeigh, "abbiamo l'opportunità di trasformare il cyberspazio in un posto dove il 'ping' di una nuova connessione significa più di una notifica; significa un nuovo amico, un alleato, qualcuno che potrebbe aiutarti a cambiare il mondo."

La piattaforma era piena di funzionalità innovative: da "Empathy Matches", dove gli utenti venivano abbinati non sulla base di interessi superficiali ma su esperienze di vita condivise, a "Global Goals", una sezione dedicata a progetti di giustizia sociale che incoraggiava la collaborazione tra utenti di diversi paesi per affrontare sfide globali.

Ma la vera magia di NextNeigh stava nella sua capacità di far sentire gli utenti parte di qualcosa di più grande di loro stessi. Sam e il suo team introdussero i "Wi-Fi Circles", piccole comunità digitali che si riunivano regolarmente in videochiamate per condividere storie, sfide e successi. Questi cerchi divennero spazi sicuri dove l'identità digitale di ciascuno poteva brillare, libera dai giudizi e dalle pressioni spesso associate ai tradizionali social media.

Sam, con un acuto senso dell'umorismo e una passione contagiosa per il suo progetto, divenne un punto di riferimento per la Generazione Z. "Non siamo qui solo per scrollare all'infinito o per catturare il Wi-Fi gratuito al caffè," scherzava durante i suoi frequenti live stream, "siamo qui per dimostrare che l'internet può essere un luogo dove l'amore per il prossimo non è solo un'idea astratta, ma una pratica quotidiana."

NextNeigh ebbe un impatto sorprendente. Storie di amicizie improbabili che sbocciavano tra persone di continenti diversi, di progetti di giustizia sociale che ricevevano sostegno globale, e di individui che trovavano la forza di esprimere la propria identità unica grazie al supporto della loro community, iniziarono a diffondersi. La piattaforma divenne un testimone vivente del fatto che, anche nell'era dell'informazione, dove l'attenzione è una moneta preziosa e le connessioni sono spesso effimere, è possibile trovare felicità e scopo.

Il Comandamento del Wi-Fi di Sam insegnava che amare il prossimo nella rete globale significava andare oltre i like e i commenti superficiali. Significava impegnarsi in conversazioni autentiche, sostenere attivamente le cause degli altri, e creare uno spazio dove ogni individuo potesse sentirsi visto, ascoltato e apprezzato. Era una lezione di come, nell'era digitale, l'umanità potesse ancora prevalere, un click, un messaggio, una videochiamata alla volta.

In un mondo dove la connessione a Internet è spesso più affidabile di quella umana, il lavoro di Sam e di NextNeigh dimostrava che la tecnologia, se utilizzata con intenzione e cura, poteva effettivamente avvicinare le persone. Il Comandamento del Wi-Fi non era solo un principio guida per una piattaforma di social media; era un manifesto per un nuovo modo di vivere online, un invito a riconoscere l'umanità condivisa che ci lega, al di là degli schermi.

Beatitudini per Binge-Watchers: Trovare felicità e scopo nell'era dell'informazione

Nell'epoca in cui il binge-watching è diventato un rito di passaggio e lo scrolling infinito sembra l'unico sport praticato da intere generazioni, nacque una nuova setta di saggi digitali. Questi eremiti moderni, armati di telecomandi intelligenti e abbonamenti a piattaforme streaming, proposero le Beatitudini per Binge-Watchers: principi per trovare felicità e scopo nell'era dell'informazione. Al centro di questa novella congregazione c'era Valentina, una giovane influencer con una missione: rivelare come il mare magnum dell'intrattenimento digitale potesse non solo divertire ma anche elevare lo spirito.

Valentina iniziò il suo pellegrinaggio virtuale con una serie di vlog chiamati "Il Sermoni sul Monte di Memoria Virtuale", trasmessi live dal suo appartamento, arredato in perfetto stile minimal-tech. "Beati coloro che scelgono con saggezza ciò che binge-watchano, poiché troveranno perle di saggezza nei mari dell'intrattenimento," proclamava, illuminata da un anello luminoso che rendeva ogni suo gesto un'epifania.

Il primo principio era semplice ma rivoluzionario: "Beati i selettivi, poiché essi non saranno sopraffatti dall'ansia da prestazione culturale." Valentina spiegava come, nell'infinito buffet di contenuti, la scelta diventasse un atto di ribellione contro l'overdose di opzioni. "Non è necessario guardare ogni serie di cui tutti parlano. Scegli ciò che risuona con te, che ti fa ridere, piangere o riflettere. La tua playlist è il tuo santuario."

Segueva il secondo principio: "Beati coloro che sanno mettere in pausa, poiché essi sapranno trovare equilibrio e ricchezza nella vita reale." Valentina enfatizzava l'importanza di staccare, di alzarsi dal divano e vivere esperienze fuori dallo schermo. "Il mondo è vasto, pieno di avventure e storie da vivere in prima persona. Lasciate che il binge-watching sia un complemento alla vostra vita, non il suo sostituto."

Il terzo principio affrontava l'isolamento sociale: "Beati coloro che binge-watchano in compagnia, poiché loro costruiranno ponti invece di muri." Valentina incoraggiava i suoi follower a trasformare la visione solitaria in un'esperienza condivisa. "Organizzate serate a tema, dibattiti post-episodio, o semplici hangout dove il prossimo episodio è solo un pretesto per stare insieme. In questo modo, il binge-watching diventa un'occasione per rafforzare legami, condividere risate e, a volte, persino lacrime."

Il quarto ed ultimo principio risuonava come una benedizione digitale: "Beati coloro che trovano insegnamenti e ispirazione nelle loro maratone di serie, poiché essi saranno illuminati." Valentina dimostrava come dietro ogni trama, personaggio o dialogo si nascondessero lezioni di vita, spunti di riflessione che potevano ispirare cambiamenti reali. "Ogni storia ha il potere di toccare e trasformare. Lasciate che i mondi che esplorate online arricchiscano il vostro modo di vedere e vivere il mondo offline."

Attraverso i suoi insegnamenti, Valentina non solo riconfigurava il binge-watching da passatempo a percorso di crescita personale, ma insegava alla sua generazione come navigare l'era dell'informazione con intenzionalità e discernimento. Le sue Beatitudini per Binge-Watchers divennero un manifesto per coloro che cercavano di bilanciare il piacere dell'intrattenimento con la ricerca di significato, dimostrando che anche nell'attività più quotidiana e apparentemente superficiale possono celarsi profondità insospettate e occasioni di arricchimento spirituale.

Capitolo 4: Conflitti e Confronti

La Tentazione dell'Algoritmo: Resistenze alle distrazioni digitali

In quella vibe un po' surreale, dove le stories e i TikTok dominano il mondo, c'è Matteo, un tipo alla mano che scrollava senza sosta il feed del suo social preferito. Ma non parliamo del Matteo dei tempi antichi, no. Questo Matteo è un influencer della Gen Z, uno che sa cosa significa combattere la tentazione dell'algoritmo, quella forza invisibile che ti succhia dentro lo schermo facendoti dimenticare persino di respirare.

Il nostro Matteo, in un giorno qualunque di un anno che sa tanto di futuro ma si vive nel presente, si ritrovò a fronteggiare la madre di tutte le tentazioni digitali. Dopo essersi svegliato in una camera da letto che più che un posto per dormire sembrava un set per il prossimo video virale, decise di dedicare il suo tempo a qualcosa di più profondo di un semplice scroll infinito. Aveva sentito parlare di queste sfide, le "digital detox challenges", che sembravano fare impazzire tutti quanti, da chi indossava ancora le AirPods prima versione a chi non sapeva resistere senza postare su Instagram per più di tre ore.

Ma come ogni buona storia che si rispetti, anche la nostra deve avere il suo antagonista. E qui entra in scena l'algoritmo, quella creatura astuta e invisibile, sempre pronta a lanciare la sua prossima freccia: notifiche di like, video su video di gattini (perché, ammettiamolo, chi può resistere a dei gattini?), e le ultime gossip news che ti fanno dire "OMG, davvero?".

Matteo, armato di buona volontà e di un paio di occhiali da sole per quell'effetto cool anche in casa, decise di affrontare la sfida. Si ritrovò così a navigare tra le insidie dell'internet moderno, dove ogni click sembrava portarlo sempre più lontano dal suo obiettivo. Tra un invito a partecipare a una live session e l'altro, e le continue notifiche di messaggi dai suoi followers che chiedevano "Dove sei? Tutto bene?", Matteo sentiva la pressione aumentare.

E qui, cari amici, entra in gioco il twist. Invece di cedere alla tentazione, Matteo trovò la forza di guardare oltre. Si rese conto che la vera connessione non era quella wifi, ma quella che si stabilisce quando si spegne il display e si guarda negli occhi qualcuno, quando si condividono idee e si lavora insieme per un mondo migliore. In quel momento, il nostro influencer decise di utilizzare la sua piattaforma non per l'ennesimo video di sfide virali, ma per parlare di amicizia, di identità, di giustizia sociale e di innovazione tecnologica.

E così, Matteo iniziò a creare contenuti che non erano solo piacevoli da vedere, ma che ispiravano azione e riflessione. Video che parlavano di come affrontare il bullismo online, di come trovare la propria voce in un mondo che sembra volerla soffocare, di come l'innovazione tecnologica possa essere utilizzata per risolvere problemi reali e non solo per creare l'ennesima app di dating.

La sua era diventata una missione: dimostrare che dietro ogni schermo c'è una persona, che ogni like e ogni follow possono essere un segno di sostegno e non solo un numero da raggiungere. Matteo trasformò la sua piattaforma in un luogo di incontro, dove le persone non venivano per perdere tempo, ma per trovare ispirazione e forza per affrontare le sfide del mondo reale.

La storia di Matteo e della sua lotta contro la tentazione dell'algoritmo divenne virale, ma non per i motivi che si potrebbero pensare. Non era un video divertente o uno scandaloso gossip a fare il giro del web, ma il messaggio potente di un giovane che aveva scelto di usare la sua influenza per fare la differenza.

E mentre le notifiche continuavano a suonare, ora avevano un sapore diverso. Non erano più una catena che lo legava allo schermo, ma un promemoria che là fuori c'era un mondo che aspettava di essere migliorato, un post, un video, una storia alla volta.

In questo contesto urbano e digitale, Matteo e la sua Gen Z dimostrano che è possibile resistere alle distrazioni digitali, trovando un equilibrio tra la vita online e quella offline. Attraverso l'umorismo, la creatività e un'innata capacità di connettersi con gli altri, riescono a trasformare la narrativa intorno alla tecnologia e ai social media, mostrando che questi strumenti possono essere utilizzati non solo per condividere momenti di vita ma anche per creare un impatto positivo nel mondo.

La Trasfigurazione dei Dati: Vedere oltre le apparenze online

Ci troviamo immersi in un mondo dove il confine tra realtà e finzione online è più sfumato che mai. Immagina una giovane protagonista di nome Zoe, che vive nella fervente era della Gen Z, circondata da schermi che brillano più delle luci di una città che non dorme mai. Zoe, con il suo smartphone sempre in mano, naviga tra i meandri di Internet con la destrezza di chi è nato digitale, ma si ritrova di fronte a un gigante che molti della sua generazione affrontano: la trasfigurazione dei dati.

Un giorno, mentre scorreva il suo feed Instagram, intrappolata tra post che promettevano la luna e storie che sembravano troppo belle per essere vere, Zoe si imbatté in una serie di dati che affermavano di rivelare "la verità nascosta" su un argomento di grande interesse sociale. Inizialmente, il suo spirito critico fu messo a dura prova. La tentazione di credere e condividere queste informazioni senza approfondire era forte, dato il loro apparente impatto emotivo e la loro risonanza con le sue opinioni personali. Questo momento di esitazione di Zoe rappresenta un crocevia che molti giovani oggi si trovano ad affrontare: la lotta tra l'accettare acriticamente ciò che è presentato online o il mettere in discussione, cercare la verità oltre le apparenze.

Decisa a non cadere nel facile gioco della disinformazione, Zoe intraprese un viaggio di scoperta. Con l'aiuto di amici fidati, avviò una ricerca approfondita, utilizzando strumenti e risorse che la sua generazione conosce bene: dai podcast informativi, ai siti di fact-checking, fino ai forum di discussione dove esperti e appassionati si confrontano. La sua missione divenne un'avventura urbana moderna, che la portò a esplorare non solo gli angoli nascosti di Internet ma anche le biblioteche della sua città, dimostrando che la conoscenza e la verità si trovano spesso al crocevia tra il digitale e il tangibile.

Man mano che avanzava nella sua ricerca, Zoe scoprì che i dati in questione erano stati manipolati, presentati fuori contesto per sostenere una narrativa specifica, piuttosto che la realtà complessa. La lezione fu chiara e potente: in un'era in cui la verità può essere facilmente distorta e trasformata in un prodotto consumabile, il pensiero critico diventa l'arma più potente a disposizione della generazione Z.

Inspirata dalla sua esperienza, Zoe decise di condividere il suo viaggio e le sue scoperte con il mondo, trasformando il suo account Instagram in una piattaforma per l'alfabetizzazione mediatica e la consapevolezza digitale. Attraverso storie, post e live session, iniziò a insegnare ai suoi coetanei come navigare nel mare delle informazioni online, distinguendo tra dati autentici e manipolati, tra notizie verificate e fake news.

La storia di Zoe divenne un punto di riferimento per molti giovani, un faro nel buio della disinformazione. La sua voce si unì a quelle di altri influencer consapevoli, creando una rete di supporto e apprendimento che superava i confini digitali per entrare nelle scuole, nelle università e nei gruppi di discussione, dove il tema della veridicità online e dell'importanza del pensiero critico veniva affrontato con serietà e impegno.

Attraverso il suo viaggio, Zoe insegnò che, in un mondo sempre più digitalizzato, l'amicizia non si misura in follower o like, ma nel sostegno reciproco nella ricerca della verità; che l'identità non è qualcosa da costruire per piacere agli algoritmi, ma da esplorare e affermare con coraggio; che la giustizia sociale si fonda sul rispetto della verità e sul rifiuto di lasciare che le narrazioni manipolate dettino le nostre percezioni del mondo; e che l'innovazione tecnologica, per quanto potente, deve essere guidata da principi etici e dalla responsabilità sociale.

La lezione più grande che Zoe e la sua generazione impararono fu che, di fronte alla trasfigurazione dei dati e alla tentazione della disinformazione, la curiosità, l'integrità e la determinazione possono trasformare anche il più giovane tra noi in un difensore della verità. Questa storia, sebbene immaginaria, riflette le sfide e le opportunità che la generazione Z affronta ogni giorno nell'era digitale, dimostrando che, nonostante gli ostacoli, è possibile fare la differenza, una ricerca, un post, una storia alla volta.

Il Tradimento del Clickbait: Affrontare la disinformazione

Nel cuore pulsante di una metropoli che vive al ritmo dei tweet, dei like e delle notifiche, troviamo Alex, un giovane esperto di tecnologia con un debole per le ultime tendenze su TikTok e un palato fine per i meme più sfiziosi del web. Alex, come molti suoi coetanei, naviga tra le onde tumultuose dell'oceano digitale, armato di smartphone e una dose sana di scetticismo, necessari per sopravvivere alle tempeste di disinformazione che minacciano costantemente di inghiottire la verità.

Una sera, mentre Alex esplorava l'ultimo trend su Twitter, si imbatté nel fenomeno del clickbait, quell'arte raffinata di titoloni accattivanti che promettono rivelazioni epocali ma che, una volta cliccati, si rivelano vuoti come una chat di gruppo dimenticata. Questo incontro fu l'inizio di una sfida personale: smascherare il tradimento del clickbait e condividere con la sua community online come difendersi dalle insidie della disinformazione digitale.

Dotato di una dose invidiabile di ironia e di un acuto senso critico, Alex iniziò a dissezionare i meccanismi dietro al clickbait. Si immerse in un'analisi dettagliata, esaminando come titoli sensazionalistici fossero progettati per sfruttare le vulnerabilità umane, come la curiosità e il bisogno di appartenenza, trasformando gli utenti in pedine di un gioco più grande di visualizzazioni e pubblicità.

Con una serie di post illuminanti sul suo blog e storie Instagram ricche di esempi pratici, Alex si trasformò in un vero e proprio detective del digitale, insegnando ai suoi follower come riconoscere i segnali di allarme del clickbait: titoli iperbolici, l'uso eccessivo di maiuscole e punti esclamativi, promesse di contenuti esclusivi che in realtà si rivelano banalità. Armato di GIF e meme creati ad hoc, trasformò questo viaggio educativo in un'avventura divertente e coinvolgente, rendendo l'apprendimento leggero ma profondamente significativo.

Il suo impegno si trasformò presto in un movimento, con la comunità che rispondeva con entusiasmo, condividendo le proprie esperienze e diventando a sua volta ambasciatori della lotta contro la disinformazione. Alex e i suoi seguaci dimostrarono che, anche nell'era del fast news e dei contenuti usa e getta, è possibile costruire un'isola di integrità e verità.

L'influenza di Alex crebbe, portandolo a collaborare con educatori e attivisti, ampliando il suo messaggio oltre i confini della sua community. Iniziò a organizzare workshop e webinar, invitando esperti di fact-checking e psicologi per esplorare le ragioni psicologiche dietro al successo del clickbait e come costruire una resistenza digitale che proteggesse l'integrità personale e collettiva.

La storia di Alex divenne un esempio tangibile di come la generazione Z, spesso etichettata come superficiale o troppo dipendente dalla tecnologia, possa in realtà rivendicare il potere dei social media per promuovere cambiamenti positivi. Mostrò che l'amicizia in quest'epoca digitale non è solo questione di seguire reciproci su Instagram o scambiarsi meme su WhatsApp, ma anche di supportarsi a vicenda nella ricerca della verità e nella difesa dei valori comuni.

La lezione più importante che Alex e la sua comunità appresero fu che l'identità online è molto più di un profilo ben curato o una collezione di highlight; è un riflesso delle nostre scelte, delle nostre battaglie e del nostro impegno verso un mondo più informato e consapevole. Attraverso l'innovazione tecnologica e un approccio critico alla realtà digitale, dimostrarono che la giustizia sociale e la responsabilità informativa possono prosperare anche nelle piattaforme più frivole.

In un mondo dove il confine tra reale e virtuale diventa sempre più labile, la storia di Alex ci insegna che l'umanità e la veridicità possono ancora trovare spazio, nutrendo amicizie genuine, identità autentiche e una società più giusta. La sfida contro il clickbait non è solo una questione di evitare trappole online, ma di costruire insieme un futuro digitale in cui l'onestà e la trasparenza siano la norma, non l'eccezione.

Capitolo 5: Percorsi di Crescita

La Parabola dello Scroll Infinito: Imparare a fermarsi e riflettere

In un mondo dove lo scroll è diventato il nuovo respiro, c'era una volta Jamie, un'energica anima della Gen Z che viveva in simbiosi con il suo smartphone. Jamie, come molti suoi coetanei, era un maestro dello scroll infinito, una pratica che consiste nel far scorrere lo schermo del telefono verso il basso alla ricerca di qualcosa di nuovo, qualcosa di eccitante, qualcosa... di più. Questo rituale quotidiano, tuttavia, nascondeva una trappola insidiosa, un labirinto digitale dal quale era difficile uscire.

Un giorno, mentre Jamie era immerso in questa attività quasi meditativa, si imbatté in un post che colpì una corda sensibile nel suo cuore digitale. Non era il solito meme, né l'annuncio dell'ultimo gadget tecnologico, né tanto meno l'ennesimo influencer che promuoveva prodotti in cambio di visibilità. Era, invece, una semplice domanda, posta in un minuscolo angolo del web da un saggio del digitale: "Quanto tempo trascorri a scorrere senza scopo? Cosa potresti fare invece con quel tempo?"

Questa domanda fu come un bug nel sistema per Jamie. Iniziò a riflettere sulla quantità di tempo trascorso in compagnia dello schermo, sui momenti persi, sulle opportunità trascurate. La realizzazione fu improvvisa e sconvolgente: lo scroll infinito era diventato più di un'abitudine; era una fuga, un modo per evitare di confrontarsi con la realtà, con i propri pensieri, con il silenzio.

Da quel momento, Jamie decise di intraprendere un viaggio di auto-scoperta e crescita, un percorso per imparare a fermarsi, a riflettere, a vivere pienamente ogni istante. Il primo passo fu quello di stabilire limiti sani con la tecnologia: impostare timer per le sessioni di social media, dedicare tempo a hobby e interessi fuori dal mondo digitale, e, cosa più importante, praticare la mindfulness, l'arte di vivere il presente.

Ma Jamie non si fermò qui. Capendo il potere e l'influenza che aveva come individuo nella vasta rete sociale, decise di trasformare la sua epifania in un movimento. Creò contenuti che incoraggiavano altri giovani a fare una pausa dallo scroll, a cercare momenti di quiete nella loro giornata, a riconnettersi con se stessi e con il mondo che li circondava. Usando il linguaggio e lo slang della Gen Z, i post di Jamie divennero virali, diffondendo un messaggio di consapevolezza e cambiamento.

Il viaggio di Jamie divenne una testimonianza vivente del fatto che è possibile trovare equilibrio in un mondo dominato dalla tecnologia. Attraverso workshop, podcast e collaborazioni con influencer che condividevano la sua visione, Jamie aiutò molti giovani a riscoprire la bellezza della vita offline, l'importanza delle relazioni autentiche e il valore del tempo speso in modo significativo.

La parabola dello scroll infinito si trasformò così in una lezione di vita per la generazione Z: un monito sul pericolo di lasciarsi consumare dalla voragine digitale, ma anche una speranza, la prova che è possibile navigare nel mondo tecnologico senza perderci. Jamie e i suoi seguaci dimostrarono che l'amicizia va oltre i like e i commenti, che l'identità non è definita dal numero di follower, che la giustizia sociale richiede azione reale e non solo post di supporto, e che l'innovazione tecnologica può e deve essere usata per migliorare la qualità della nostra vita, non per sottrarci a essa.

Questa storia, che parte dal semplice atto di fermarsi e riflettere, sottolinea l'importanza di essere presenti, di coltivare relazioni significative e di usare la tecnologia come strumento per arricchire la nostra esistenza, non per fuggire da essa. In un'epoca in cui la distrazione sembra essere la norma, la storia di Jamie serve da promemoria che, a volte, il più grande atto di ribellione è semplicemente mettere da parte il telefono e guardare il mondo - e le persone che lo popolano - con occhi nuovi e curiosi.

Il Seminatore di Memes: Diffondere positività e consapevolezza

In una realtà dove i meme sono la moneta corrente dell'espressione online, troviamo Leo, un creativo della Gen Z con un talento speciale: la capacità di trasformare qualsiasi situazione di vita in un meme che non solo fa sbellicare dalle risate ma anche fa riflettere. Leo non era il solito creatore di contenuti; aveva una missione. Stufo di vedere le piattaforme social inondate di negatività e conflitti, decise di diventare un seminatore di memes, con l'obiettivo di diffondere positività e consapevolezza in un modo che la sua generazione non solo apprezzasse ma che potesse anche facilmente digerire e condividere.

La strategia di Leo era semplice ma geniale. Prendeva spunto da eventi di attualità, tendenze sociali, e persino dalle sfide quotidiane che tutti noi affrontiamo, trasformandoli in contenuti virali che incapsulavano messaggi profondi con una leggerezza che solo un meme può avere. Dai temi dell'amicizia e dell'autoaccettazione, passando per la giustizia sociale e l'importanza dell'innovazione tecnologica, Leo sapeva come colpire il cuore dei suoi follower senza rinunciare a un pizzico di humor.

Ma la magia di Leo non stava solo nella creazione di questi contenuti; era anche nella sua abilità di costruire una comunità attorno ai valori che i suoi memes promuovevano. Non si limitava a postare e sparire; interagiva con i suoi follower, ascoltava le loro storie, e spesso li coinvolgeva nella creazione di nuovi contenuti, rendendo il suo spazio online un luogo di incontro virtuale dove chiunque potesse sentirsi capito e apprezzato.

Il successo di Leo crebbe esponenzialmente, e ben presto si rese conto che quello che aveva iniziato come un hobby era diventato qualcosa di molto più grande di lui. Le sue creazioni erano diventate un punto di riferimento per la Gen Z, un faro di positività in un mare di contenuti spesso superficiali o negativi. I suoi memes erano condivisi non solo per il loro valore umoristico ma anche come simboli di una lotta comune per un mondo migliore, un mondo in cui l'empatia e la comprensione reciproca fossero la norma.

Incapace di ignorare la portata del suo impatto, Leo decise di sfruttare la sua piattaforma per iniziative più ampie che andassero oltre il digitale. Organizzò eventi di beneficenza, campagne di sensibilizzazione su temi sociali importanti, e collaborazioni con organizzazioni non profit, dimostrando che i memes, nella loro apparente semplicità, possono essere potenti strumenti di cambiamento.

La storia di Leo diventa così una lezione preziosa per i giovani di oggi: mostra come, anche in un'epoca dominata da tecnologia e social media, sia possibile usare gli strumenti digitali non solo come mezzi di distrazione o auto-promozione ma come vere e proprie piattaforme per il bene comune. Attraverso l'umorismo, la creatività e un impegno genuino verso le cause che gli stanno a cuore, Leo insegna che ognuno di noi ha il potere di fare la differenza, di trasformare la cultura online in uno spazio più accogliente e positivo.

La sua storia sottolinea l'importanza dell'amicizia nel mondo digitale, non quella basata sul numero di follower o like, ma quella radicata nel supporto reciproco e nella condivisione di valori comuni. Mostra come l'identità, nell'era dei social media, possa essere espressa in modi che siano veri e significativi, nonostante le pressioni per conformarsi a standard spesso irrealistici o superficiali. Attraverso l'esempio di Leo, vediamo come la giustizia sociale e l'innovazione tecnologica possano andare di pari passo, con i giovani in prima linea nell'utilizzare la loro voce digitale per promuovere cambiamenti reali e positivi nella società.

In conclusione, la parabola del seminatore di memes ci ricorda che, in un mondo in cui siamo costantemente bombardati da informazioni e stimoli, scegliere di diffondere positività e consapevolezza è un atto rivoluzionario. Leo e i suoi memes non sono solo una fonte di divertimento; sono un simbolo della capacità della generazione Z di navigare le sfide del nostro tempo con intelligenza, umorismo, e, soprattutto, speranza.

La Pesca di Followers: Costruire comunità autentiche

In un angolo accogliente di Internet, dove le storie si intrecciano come fili in una vasta rete, viveva Taylor, un creatore di contenuti con un sogno: costruire una comunità non solo numerosa, ma autentica e unita. Taylor sapeva bene che nell'era digitale, dove il numero di followers può sembrare l'unico metro di valutazione del successo, la vera sfida stava nel creare legami genuini, che andassero oltre la superficie di like e commenti superficiali.

Con questo obiettivo in mente, Taylor si lanciò nell'avventura di "pescare followers", ma non nel senso in cui molti potrebbero pensare. Per Taylor, pescare significava attrarre persone attraverso contenuti significativi, che risuonassero con le esperienze, le speranze e le paure della sua generazione. Armato di umorismo sottile, riferimenti culturali alla Gen Z e una dose sana di creatività tecnologica, iniziò a navigare nelle acque spesso tempestose dei social media.

Il primo passo fu ridefinire cosa significasse successo online. Invece di inseguire numeri vuoti, Taylor si concentrò sulla qualità delle interazioni, incoraggiando dialoghi aperti e supporto reciproco all'interno della sua comunità. Creò spazi sicuri dove le persone potevano condividere le loro storie, le loro paure e i loro successi, dimostrando che dietro ogni profilo c'è una persona reale, con sogni e sfide unici.

La strategia di Taylor si basava sull'autenticità e sulla trasparenza. Condividendo i propri fallimenti tanto quanto i successi, mostrò che l'errore è parte del percorso di crescita, un messaggio che risuonò profondamente con molti suoi coetanei. Attraverso podcast, video dietro le quinte e sessioni Q&A, Taylor riuscì a rompere il quarto muro spesso eretto dai social media, invitando i suoi follower a partecipare attivamente alla costruzione della comunità.

La sua iniziativa più ambiziosa fu il lancio di un progetto collaborativo, un hub online dove giovani creativi potessero incontrarsi, condividere idee e lavorare insieme a progetti che avessero un impatto positivo sul mondo reale. Questo spazio diventò rapidamente un terreno fertile per l'innovazione, dove l'amicizia, l'identità e la giustizia sociale si intrecciavano, dando vita a iniziative che andavano dalla sensibilizzazione su questioni ambientali al supporto per le minoranze e le comunità emarginate.

La comunità di Taylor divenne un esempio di come i social media possano essere utilizzati per fini costruttivi, creando un ambiente in cui ogni membro si sentiva valorizzato e ascoltato. La sua storia dimostrò che, nonostante le sfide poste dall'era digitale, è possibile utilizzare la tecnologia per tessere legami autentici, promuovere l'inclusione e stimolare il cambiamento sociale positivo.

In questo contesto, la "pesca di followers" assunse un nuovo significato: non più una caccia disperata al riconoscimento superficiale, ma un processo intenzionale di costruzione di relazioni significative. Taylor e la sua comunità insegnarono che la vera misura del successo online non sta nel numero di followers, ma nella capacità di influenzare positivamente la vita delle persone, di ispirare azioni concrete e di promuovere un senso di appartenenza.

La storia di Taylor è una testimonianza potente di come la generazione Z possa navigare con successo le sfide dell'identità digitale, riconoscendo che al centro della tecnologia ci sono le relazioni umane. Attraverso la sua esperienza, i giovani possono imparare l'importanza di costruire comunità autentiche, dove l'amicizia va oltre i confini digitali, l'identità si esprime liberamente e la giustizia sociale diventa una missione condivisa.

In un mondo dove i like possono sembrare tutto, la storia di Taylor ci ricorda che ciò che conta davvero è l'impatto che possiamo avere gli uni sugli altri, sia online che offline. Dimostra che, anche nell'era digitale, le connessioni più profonde e significative sono quelle che nascono dall'autenticità, dalla condivisione di valori comuni e dal lavoro congiunto verso un futuro migliore. La pesca di followers, quindi, diventa un viaggio di scoperta reciproca e crescita condivisa, un'avventura che trascende lo schermo per toccare la vita di ogni persona coinvolta.

Capitolo 6: Visioni di Futuro

La Visione sul Monte Silicon: Innovazione e sostenibilità per il pianeta

Sulla vetta del Monte Silicon, dove i bit incontrano i neuroni e le startup sbocciano più velocemente dei fiori in primavera, c'era Alex, un visionario della Gen Z con un MacBook incantato e una connessione Wi-Fi che non conosceva limiti. La leggenda narra che Alex, armato della sua fiducia incondizionata nel potere dell'innovazione e di un green smoothie ricco di antiossidanti, fosse pronto a cambiare il mondo. Non in senso figurato, ma letteralmente, con idee così fresche da fare impallidire l'ultimo update di iOS.

In un'epoca dove "sostenibile" è diventato il nuovo sexy e ogni startup sembra promettere la salvezza del pianeta (con tanto di packaging biodegradabile), Alex sapeva che il vero cambiamento richiedeva più di un hashtag trendy o di un'app che tracciasse la tua impronta di carbonio mentre ordini sushi con consegna a domicilio. La sua visione era più ampia: unire innovazione tecnologica e sostenibilità in modo tale che anche il più incallito scettico dovesse ricredersi.

La storia inizia quando Alex, dopo l'ennesima notte insonne passata a codificare e a scorrere TED Talks, ebbe un'illuminazione. "E se la tecnologia potesse non solo migliorare la nostra vita ma anche guarire il pianeta?" si chiese, mentre il suo schermo illuminava il volto con una luce che non era solo quella dell'aurora. Così, armato di determinazione e di una playlist Spotify piena di canzoni motivazionali, Alex decise di lanciare la sua startup: GreenCode, un'azienda che sviluppava software capaci di ottimizzare il consumo energetico delle aziende, ridurre gli sprechi e promuovere una cultura aziendale eco-sostenibile.

Il viaggio di Alex non fu privo di ostacoli. Tra investitori scettici che non vedevano oltre il prossimo trimestre finanziario e algoritmi ribelli che sembravano avere una propria, oscura agenda ecologista, il cammino verso il successo sembrava più impervio del previsto. Ma, armato di dati incontrovertibili e di una fede incrollabile nel progresso, Alex riuscì a dimostrare che l'innovazione tecnologica non solo può convivere con la sostenibilità, ma che insieme possono creare un futuro in cui la tecnologia è al servizio del pianeta, non al suo detrimento.

Lanciando campagne virali sui social media che mostravano l'impatto positivo delle sue soluzioni e collaborando con influencer che condividevano la sua visione, Alex riuscì a trasformare i detrattori in devoti seguaci della causa ecologista. Le app di GreenCode divennero un must-have per ogni azienda che si rispettasse, tanto che "Hai già green-codificato il tuo business?" divenne il nuovo saluto tra gli imprenditori della Silicon Valley.

Questa narrazione, sebbene immaginaria, riflette la crescente consapevolezza della generazione Z sull'importanza dell'innovazione tecnologica sostenibile. La storia di Alex insegna che, nonostante le sfide, è possibile perseguire una visione del futuro in cui la tecnologia e l'ecologia non solo coesistono ma si potenziano a vicenda per creare un mondo migliore. Attraverso l'impegno, la creatività e una dose sana di ottimismo tecnologico, possiamo aspirare a un futuro in cui il progresso non sia a discapito del nostro pianeta, ma un mezzo per garantirne la salvaguardia per le generazioni future.

In conclusione, la visione sul Monte Silicon non è solo una favola moderna, ma un manifesto per la Gen Z e per tutti coloro che credono in un futuro dove l'innovazione tecnologica va di pari passo con la sostenibilità ambientale. È un promemoria che, anche nel frenetico mondo della tecnologia, possiamo prendere un momento per riflettere sul tipo di futuro che stiamo costruendo e su come possiamo, ognuno nel proprio piccolo, contribuire a renderlo non solo più avanzato, ma anche più verde.

Le Dieci App del Successo: Principi per una vita equilibrata e significativa

Nell'era digitale in cui viviamo, dove le notifiche hanno il potere di catturare la nostra attenzione più di un tramonto mozzafiato, Jamie, un giovane appassionato di tecnologia e benessere personale, ha avuto una rivelazione. Navigando tra le infinite app del suo smartphone, si chiedeva come potesse utilizzare al meglio questa tecnologia per migliorare non solo la sua vita ma anche quella degli altri. Così nacque l'idea delle "Dieci App del Successo", un insieme di principi trasformati in applicazioni che promuovono una vita equilibrata e significativa, pensati appositamente per la generazione Z.

1. **MindfulMe**: L'app che ti ricorda di prendere una pausa, respirare e praticare la mindfulness, riducendo lo stress e aumentando la concentrazione.

2. **FitFuture**: Trasforma l'attività fisica in una missione di gioco, incoraggiando uno stile di vita attivo con sfide giornaliere personalizzate.

3. **EcoEats**: Aiuta a scoprire ricette sostenibili e locali, promuovendo una dieta che rispetta il pianeta.

4. **ConnectCircle**: Un social network basato sulla qualità delle connessioni piuttosto che sulla quantità, incoraggiando interazioni autentiche.

5. **SleepStar**: Monitora il sonno e offre consigli per migliorarlo, perché ogni eroe ha bisogno del suo riposo.

6. **BudgetBuddy**: Gestisci le tue finanze con un sorriso, imparando a risparmiare per ciò che conta davvero.

7. **LearnLoop**: Apprendimento continuo in piccole dosi, per mantenere il cervello in forma e la curiosità al massimo.

8. **VolunTeer**: Collega gli utenti con opportunità di volontariato locali, trasformando il tempo libero in azioni che fanno la differenza.

9. **CreativityCloud**: Una piattaforma per esprimere la propria creatività, con sfide quotidiane che ispirano l'innovazione.

10. **DigitalDetox**: Ti sfida a staccare e vivere il momento, perché a volte la migliore connessione è quella umana.

Jamie capì che per rendere queste app una realtà, aveva bisogno di più di buone intenzioni; serviva una community che condividesse la sua visione. Così iniziò a condividere la sua idea online, attraverso piattaforme social e forum dedicati alla tecnologia e al benessere. La risposta fu straordinaria. Non solo trovò sviluppatori interessati a collaborare al progetto, ma anche una vasta comunità di giovani pronti a sostenere e diffondere l'iniziativa.

La storia di Jamie e delle "Dieci App del Successo" insegna che nella nostra società iperconnessa, la tecnologia può e deve essere utilizzata come strumento per migliorare la nostra vita, non per distoglierci da ciò che conta davvero. Attraverso la sua visione, Jamie ha dimostrato che con le giuste risorse e un'attitudine positiva, è possibile promuovere un cambiamento significativo, guidando la generazione Z verso un futuro più luminoso, equilibrato e significativo.

Attraverso l'umorismo, la creatività e una profonda comprensione delle sfide che la sua generazione affronta ogni giorno, Jamie ha trasformato un'idea in un movimento che promuove l'amicizia, l'identità, la giustizia sociale e l'innovazione tecnologica. Questa storia ci ricorda che, anche nell'era digitale, i nostri valori e la nostra umanità sono ciò che veramente conta, e che utilizzando la tecnologia in modo consapevole, possiamo creare un futuro in cui il successo si misura non solo in termini di realizzazioni personali, ma anche nel contributo al benessere collettivo.

Apocalisse nel Network: Superare le crisi globali con resilienza e unità

In un angolo vibrante di Internet, dove meme e hashtag si scontrano con dibattiti e dialoghi, c'era una community unica, una vera e propria oasi digitale in mezzo al caos: NetUnity. Questa non era la solita piattaforma; era un luogo dove giovani di tutto il mondo, stanchi delle solite narrazioni di disperazione e divisione, si riunivano per affrontare le crisi globali con un mix esplosivo di resilienza, creatività e, perché no, un pizzico di sano umorismo.

La storia inizia con Kai, un membro attivo di NetUnity e un vero maestro nell'arte di trasformare l'ansia da apocalisse in azione positiva. Con una passione per l'innovazione tecnologica e un cuore grande quanto il cloud, Kai era convinto che, anche di fronte alle più grandi sfide, l'umanità potesse trovare una via d'uscita collaborando e condividendo conoscenze.

Il primo progetto di Kai fu "CodeGreen", una serie di hackathon virtuali dedicati a combattere il cambiamento climatico attraverso soluzioni tecnologiche sostenibili. Ma non si fermò qui. Con "UnityTalks", organizzò una serie di webinar e podcast in cui esperti e attivisti di tutto il mondo condividevano idee e strategie su come affrontare tematiche urgenti come la disuguaglianza sociale, la crisi dei rifugiati e la salvaguardia della biodiversità.

La vera svolta, però, avvenne quando la community di NetUnity decise di affrontare la "Grande Crisi Digitale", un periodo in cui fake news, cyberbullismo e isolamento sociale minacciavano di frantumare il tessuto stesso della società digitale. Invece di cedere alla paura, Kai e la sua squadra lanciarono "TruthChain", una piattaforma blockchain dedicata alla verifica delle informazioni, incoraggiando la trasparenza e la fiducia online.

Ma quello che veramente distingueva NetUnity non erano solo i progetti ambiziosi o la tecnologia all'avanguardia, bensì lo spirito di unità e la convinzione profonda che, lavorando insieme, fosse possibile superare qualsiasi ostacolo. Era un luogo dove l'identità digitale andava oltre l'avatar o il nickname, diventando espressione autentica di valori condivisi e di un impegno comune verso il bene collettivo.

Le lezioni apprese in questo angolo unico di Internet risuonavano ben oltre i confini digitali. Insegnarono che di fronte alle apocalissi, sia esse ambientali, sociali o digitali, la resilienza nasce dall'unità. Mostrarono che l'amicizia può trascendere lo schermo, diventando un potente motore di cambiamento. E dimostrarono che, anche in un'era dominata dalla tecnologia, l'umanità può trovare modi per rafforzare l'identità collettiva, promuovere la giustizia sociale e spingere l'innovazione tecnologica in direzioni che servano il pianeta e le sue genti.

In conclusione, la storia di Kai e NetUnity è un promemoria potente del potere che la generazione Z ha nelle sue mani. Non solo hanno a disposizione la tecnologia più avanzata nella storia umana, ma possiedono anche una consapevolezza globale e un desiderio di unità che può veramente fare la differenza nel mondo. "Apocalisse nel Network" non è solo un racconto di sfide superate, ma un invito ad agire, a collaborare e a sognare insieme, per costruire un futuro dove la resilienza e l'unità trasformano le crisi in opportunità di crescita e progresso condiviso.

Epilogo: Download Completo

E così, dopo aver navigato attraverso le tempeste di clickbait, superato le prove del digital detox e scoperto il sacro graal dell'equilibrio vita-lavoro nel regno del remote working, i nostri eroi della Gen Z si trovavano di fronte all'ultima grande sfida: il Download Completo.

Il mondo era cambiato. I bar erano diventati hotspot Wi-Fi con caffè artigianale, le biblioteche si erano trasformate in hubs di coworking silenziosi come la modalità "non disturbare", e le piazze si erano evolute in arene per flash mob virali e proteste organizzate via app. Ma una cosa era rimasta costante: la sete insaziabile di connessione, non solo quella internet, ma quella umana.

I nostri protagonisti, armati di smartphone carichi all'80% (perché, ammettiamolo, chi arriva mai al 100%?), si ritrovavano a contemplare il tramonto digitale dall'ultimo piano di un co-living sostenibile, riflettendo su ciò che avevano imparato.

Primo: l'importanza dell'offline. In un mondo in cui "scrollare" è diventato quasi un riflesso condizionato, avevano imparato il valore di staccare, di vivere il momento, di assaporare un caffè senza postarlo su Instagram. La vita, avevano scoperto, era più ricca fuori dal feed.

Secondo: il potere dell'unità. Affrontare le crisi globali, dalla pandemia ai cambiamenti climatici, aveva insegnato loro che solo insieme potevano fare la differenza. Le reti sociali si erano rivelate armi potenti, non solo per condividere meme virali ma per organizzare movimenti che portavano al cambiamento reale.

Terzo: l'eterna ricerca dell'equilibrio. Tra la pressione per essere sempre "on" e la lotta per mantenere una salute mentale solida, avevano imparato l'importanza di trovare il proprio centro, di ascoltare se stessi, di rispettare i propri limiti e di ricaricare le proprie batterie, sia metaforicamente che letteralmente.

Infine: l'innovazione come chiave per il futuro. Avevano visto come la tecnologia, usata con saggezza e responsabilità, potesse essere un motore di progresso e sostenibilità. Avevano capito che innovare non significava solo inventare l'ultimo gadget, ma trovare soluzioni creative ai problemi più pressanti del mondo. Mentre il sole tramontava, lasciando il cielo in una sfumatura di pixel arancioni e rosa, i nostri eroi si rendevano conto che il Download Completo non era un traguardo, ma un nuovo inizio. Era la consapevolezza che, in un mondo in costante cambiamento, l'apprendimento non finisce mai, che ogni aggiornamento porta con sé nuove sfide e nuove opportunità.

Il vero download completo era la somma delle loro esperienze, delle connessioni fatte, delle lezioni apprese. Era la comprensione che, nonostante le difficoltà, avevano il potere di plasmare il loro destino, di scrivere il codice del loro futuro, un algoritmo alla volta.

E con un ultimo swipe, chiudevano le app, spegnevano gli schermi e si affacciavano alla vita reale, pronti a vivere la loro prossima grande avventura, con il Wi-Fi del cuore sempre connesso alla frequenza dell'umanità.

Conclusione: Portare la luce dell'antica saggezza nelle sfide del domani

E così, ragazzi, siamo giunti alla fine di questa epica odyssey digitale, dove abbiamo navigato insieme attraverso i meandri dei feed, oltrepassato la nebbia delle notifiche, e ci siamo tuffati coraggiosamente nelle profondità del cloud. Ma cosa ci portiamo dietro, oltre a una tonnellata di memes salvati e qualche skill digitale in più? Beh, amici della Gen Z, è il momento di fare il download completo e capire cosa significa *portare la luce dell'antica saggezza nelle sfide del domani*.

Immaginate di essere in piedi, non su una montagna, ma in cima a un grattacielo di vetro e acciaio, con lo smartphone in mano e il futuro davanti. Il panorama è il vostro feed di Instagram: un mosaico infinito di storie, sfide, e snapshot di vita. Ma in mezzo a questo mare di pixel, cosa ci rende autenticamente umani?

La risposta, miei cari digital natives, è semplice quanto profonda: siamo qui per *connect*, *create*, e *care*. *Connect* come nel Wi-Fi, certo, ma anche connetterci a un livello più profondo con le persone attorno a noi, oltre lo schermo. *Create*, perché ogni post, ogni video, ogni meme è un atto di creazione, una scintilla di quella stessa luce di cui parlavamo, capace di illuminare la notte più buia. E *care*, perché in un mondo di like veloci e swipe impulsivi, quello che conta davvero è mostrare interesse e cura verso gli altri e il mondo in cui viviamo.

La nostra generazione non è solo la più connessa nella storia dell'umanità, ma anche quella che ha il potenziale più grande di cambiare le cose per il meglio. Sì, abbiamo le meme skills, sappiamo fare lo scroll più veloce dell'ovest, e abbiamo le dita agili su ogni schermo. Ma abbiamo anche cuori grandi, menti aperte, e la capacità di vedere oltre i filtri di Instagram alla realtà che ci circonda.

Quindi, mentre scrollate verso il basso (o il prossimo episodio di quella serie che state binge-watchando), ricordatevi che la nostra missione è portare quella luce antica, quella saggezza millenaria, nelle sfide che ci aspettano. Non solo nel metaverso, ma nel mondo reale, quello che toccate con mano, quello dove potete abbracciare una persona, piantare un albero, o marciare per una causa in cui credete.

In questo viaggio tech-spiritual, ricordatevi che il più grande update che possiamo fare non è al nostro sistema operativo, ma a noi stessi. L'upgrade definitivo è diventare la versione migliore di noi, quella che condivide, che aiuta, che ama. E in questo vasto network della vita, ogni piccolo gesto di gentilezza, ogni parola di supporto, ogni sorriso condiviso, è un pixel che contribuisce a rendere l'immagine complessiva più luminosa e colorata.

Chiudiamo questa app, anzi, questo capitolo, con un invito a non smettere mai di esplorare, di imparare, e di connetterci. Il futuro è un grande, vasto unknown, un po' come quando cercate qualcosa su Google senza sapere esattamente cosa. Ma è anche pieno di possibilità, di innovazione, e di speranza. E con un po' di quella antica saggezza nel nostro kit digitale, siamo pronti ad affrontarlo, insieme.

In fondo, non si tratta solo di navigare nella vita con un buon segnale Wi-Fi, ma di assicurarsi che ogni connessione conti.

Ecco a voi, Gen Z, la missione di portare la luce dell'antica saggezza nelle sfide del domani. Spoiler: ce la possiamo fare. And remember, keep your updates spiritual, your memes funny, and your heart open. Peace out.

www.ingramcontent.com/pod-product-compliance
Lightning Source LLC
LaVergne TN
LVHW050026080526
838202LV00069B/6930